AF452862

LISZT
PÉDAGOGUE

LISZT PÉDAGOGUE

Leçons de piano données par Liszt

à

Mademoiselle Valérie Boissier

à Paris en

1832

Notes de Madame Auguste Boissier

HONORÉ CHAMPION — PARIS

LISZT
PÉDAGOGUE

Leçons de piano données par Liszt

à

Mademoiselle Valérie Boissier

à Paris en

1832

Notes de Madame Auguste Boissier

HONORÉ CHAMPION — PARIS

Mme AUGUSTE BOISSIER

AVANT-PROPOS

Le 10 février de l'année 1832, le richissime héritier d'Érard, le célèbre facteur de pianos, donnait dans son hôtel, un des plus élégants de Paris, une soirée musicale à laquelle il avait convié les notabilités mondaines et artistiques. On remarquait dans l'assistance élégante, Meyerbeer, Hérold et leurs satellites. Les invités au nombre de huit cents entendirent un orchestre sélectionné et des chanteurs célèbres parmi lesquels Nourrit. Un des virtuoses qui provoqua le plus grand enthousiasme fut Schunke (1), élève de Hummel auquel Kalkbrenner, Hertz, Pleyel et d'autres ne ménagèrent pas leurs éloges. Le pianiste se signala par une technique prodigieuse qui fit la conquête du public très sensible aux acrobaties. Une dame de Genève, Madame

---

(1) Il s'agit, sans doute, de Ludwig Schunke qui, au dire de Schumann ressemblait à Liszt par son physique et sa manière de jouer.

Auguste Boissier, présente à cette réception, que le talent de Schunke avait laissée indifférente, écrivait dans une lettre adressée à ses parents : « J'aperçus Liszt avec ses lunettes sur son nez et son visage si pâle, si triste, sa physionomie grave et remarquable, se distinguant de toutes les autres. Le nom de Liszt volait de bouche en bouche. » Madame Boissier avait fait quelques semaines auparavant la connaissance de l'illustre pianiste qui habitait avec sa mère la rue de Provence 61 et travaillait dans l'isolement. Il n'avait que peu d'élèves. Désirant lui confier l'éducation musicale de sa fille elle avait sollicité une entrevue qu'elle raconte dans une lettre adressée à ses parents à Genève le 21 décembre 1831 : « Hier à une heure, la porte de mon salon s'ouvrit et nous vîmes entrer un homme jeune, blond, mince, taille élégante, figure très distinguée.... c'était Liszt. Il me fit la visite la plus polie, la plus obligeante et causa presqu'une heure avec nous. C'est un original plein d'esprit, il ne dit rien comme un autre et ses idées sont très piquantes, elles sont bien à lui. Il a le meilleur ton, de la noblesse, du soutenu, du concentré et une modestie qui va jusqu'à l'humilité, qui va trop loin selon moi pour être tout à fait de bon aloi. D'abord il nous dit qu'il refusait beaucoup de leçons, qu'il aimait sa liberté, qu'il avait des occupations impérieuses, il nous conseilla Hertz, Bertini, Kalkbrenner, qui dit-

il « valaient mieux que lui » ; il s'effaçait entièrement
devant le talent de ces messieurs, mais nous lui
répondîmes que nous voulions ses conseils et pas
d'autres, il s'attendrit un peu. Valérie se mit au piano
et lui joua de mes exercices et un solo du concerto
de Hummel. Il l'écouta avec attention, avec plaisir ;
il répéta plusieurs fois qu'elle avait le sentiment
inné de la musique et beaucoup d'individualité
dans sa déclamation musicale ; il la trouva nette
et rapide. Alors il fut très entrain de lui donner
des leçons, nous fixâmes deux heures par semaine
et samedi nous commencerons. Il lui indiqua cinq
ou six exercices de Bertini les plus beaux afin
qu'elle les revit un peu d'avance. « Mais dit-il —
je fais beaucoup approfondir les morceaux et
souvent une leçon est employée à étudier deux
pages. » Nous irons chez lui et j'écouterai avec une
attention muette ces leçons qui sûrement seront
parfaites, du moins, j'aime à le croire. »

Madame Boissier nous a laissé un cahier de
notes qu'elle rédigeait pour son usage personnel et
qui résument quelques-unes des leçons données à
sa fille Valérie (1) pendant l'hiver 1831-1832. Liszt

(1) Valérie Boissier devait épouser plus tard le Comte Agénor de
Gasparin et se faire connaître dans la littérature par de nombreux
écrits qu'elle signait : « L'auteur des Horizons Prochains ». Liszt lui
dédia une « Fantaisie romantique sur deux mélodies suisses (op. 5,
n° 1) ».

avait alors 21 ans. Il se révèle un professeur
incomparable qui a fait la synthèse de ses expé-
riences et qui s'efforce d'inculquer à ses élèves les
principes d'une méthode dont il a vérifié la justesse.
Cette méthode consiste à se rendre maître des exercices les plus rébarbatifs en imposant aux doigts
une culture physique impitoyable. Il met à la base
de toute activité la loi de l'effort à laquelle il s'est
soumis lui-même. Les leçons durent deux heures
qui paraissent courtes, tant il y a de vie intense
dans la manière dont il expose sa théorie. Il parle
avec une éloquence entraînante et dispense royale-
ment les trésors de son esprit. Souvent, pour mieux
illustrer ses explications il lit quelques passages
d'un auteur favori, les commente et fait saisir les
rapports entre la musique et la littérature. La
profondeur de ses jugements sur l'art et la vie se
manifeste dans sa conversation imagée qui dénote
chez lui une maturité étonnante. Le moment émou-
vant de la séance est celui où Liszt se met au piano.
Sous ses mains d'une flexibilité extrême et d'une
musculature de fer, l'instrument résonne en beauté
ineffable.

On ne s'étonnera pas de trouver des négligences
de style et des répétitions dans ces notes rédigées
à la hâte et dans le feu de l'enthousiasme. Les
éditeurs de ce manuscrit qui n'était pas destiné à
être publié, se sont bornés à la suppression d'un

petit nombre de passages superflus et à quelques
légères modifications de forme. Les pages qu'on va
lire, si vibrantes d'émotion et d'amour pour l'art
nous ont transmis un écho fidèle des leçons inou-
bliables de Liszt.

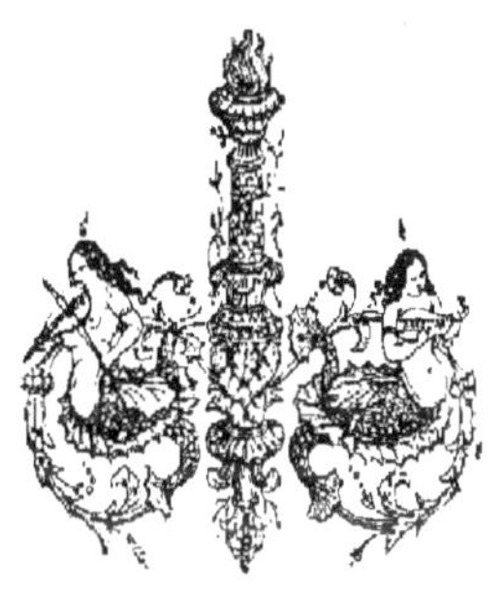

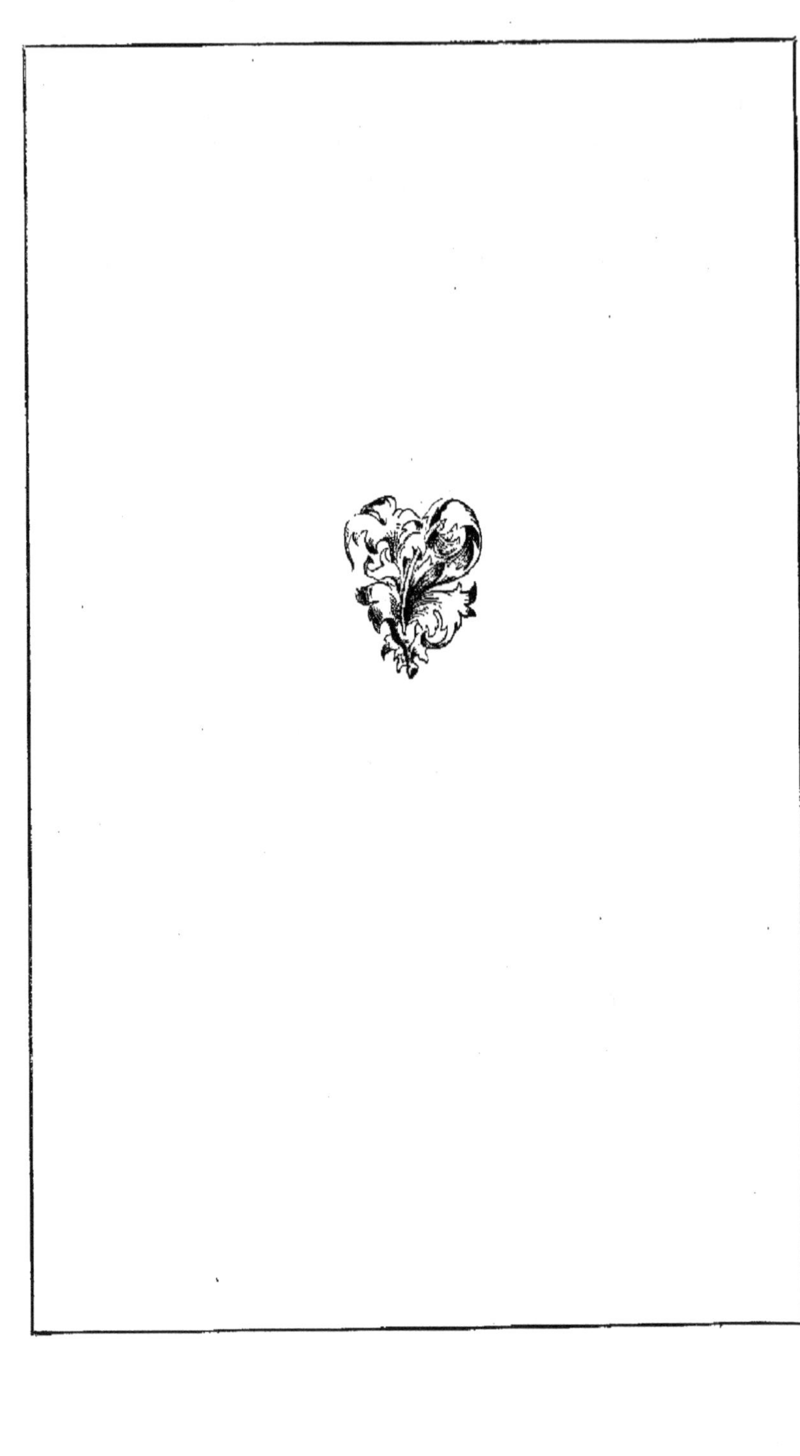

DIMANCHE 15 JANVIER 1832

SEPTIÈME LEÇON (1)

La septième leçon était sur les fugues. Il a trouvé que Valérie n'était point exacte et laissait traîner les doigts sans raison. A cette occasion, il nous a expliqué son système sur le lié. On ne doit jamais tenir les doigts sur les notes de batteries qui font dissonance. Quand une batterie forme un accord consonant on peut lier les notes, parce que cela est plus doux, mais dès qu'il devient dissonant, on le détache ou seulement les notes qui font dissonance, en liant les autres. Dans les batteries et dans tous les passages de ce genre on cherche s'il y a un chant et on le fait sentir en le jouant comme si les notes qui le composent étaient de valeurs différentes. Alors, tandis

(1) L'auteur ne nous a pas laissé de compte-rendu des 6 premières leçons.

15

que l'accompagnement lie avec douceur dans les consonances, on marque le chant sans le détacher ni le lier et surtout avec des doigts souples et sans dureté.

M. Liszt sort du piano des sons plus purs, plus moelleux, plus forts que personne et son toucher a un charme indicible. Il est dû en grande partie à l'observance exacte de ces liés et détachés selon les consonances et dissonances; puis à la manière dont il pose les doigts sur le clavier. Je dirais qu'il n'a point de toucher et qu'il les a tous. Ses doigts sont très longs et ses mains petites et effilées. Il ne les tient pas arrondis. Il dit que cette attitude imprime au jeu de la sécheresse et il a horreur de cela. Ils ne sont pas non plus tout à fait plats, mais ils sont si flexibles qu'ils n'ont pas de position fixe. Ils saisissent la note de toutes manières. Cependant jamais avec roideur et sécheresse; ces deux défauts, M. Liszt les déteste. Il y a dans son jeu de l'abandon, du laisser aller et quand il devient impétueux, énergique dans les *fortissimo,* il est encore sans dureté et sans sécheresse. Sa main n'est pas immobile, il la remue avec grâce selon sa fantaisie, mais il ne joue point du bras, ni des épaules. Il veut que le corps soit droit et la tête plutôt en arrière que baissée; il exige cela impérieusement. Pour en revenir à l'étude de tout morceau de musique, soit fugue, soit autre, voici comment il s'y prend pour lui-même. Il ne déchiffre point à l'étourdie un mor-

ceau qu'il veut apprendre, mais il l'examine avec ré-
flexion; il le joue quatre ou cinq fois lentement dans
cet esprit. La première fois, il fait connaissance avec
toutes les notes pour les jouer comme elles sont indiquées sans en ajouter ou en retrancher. La seconde
fois il les mesure, c'est-à-dire il observe les pointés,
les soupirs, les valeurs avec une scrupuleuse vérité
sans se permettre le moindre changement. La troisième fois il observe les *forte,* les *piano,* les *crescendo,*
les *sforzando,* enfin toutes les nuances indiquées et
celles qu'il croit devoir ajouter, parce que souvent la
musique est négligemment accentuée par les compositeurs. Ce travail-là est un peu long et difficile. Il
cherche à exprimer ces nuances le mieux possible,
il examine leur degré, leur vérité et la manière de les
produire par les différents touchers. Il est ennemi des
expressions affectées, guindées, crispées. Il veut avant
tout la vérité dans le sentiment musical, il étudie
psychologiquement ses émotions afin de les rendre
telles qu'elles sont. Ainsi à une forte expression suc-
cède souvent de la fatigue, de l'abattement, une sorte
de froideur, parce qu'il en est ainsi dans la nature.
On ne peut pas soutenir longtemps les orages d'une
passion fougueuse: ainsi, à des éclairs de bonheur qui
se peignent et sont indiqués par la musique même,
succèdent souvent dans Bertini des explosions gi-
gantesques de rage, de jalousie, d'horreur. Alors, le
mouvement s'accélère, les doigts appuient fortement,

attaquent, pressent les touches, leur font rendre des sons éclatants. Puis, d'autres fois, c'est la mélancolie, la langueur que la musique semble vouloir peindre et c'est alors une gracieuse mollesse, un coulé inexprimable dans les doigts, mais toujours en observant les règles prescrites. Enfin, dans les fusées d'adagio il a toujours de *l'aise*, rien de *saccadé*, ni de *pressé*, des notes molles, bien faites, gracieuses, enflées puis diminuées, mais sans cette pretintaille de sons affectés qui sont là pour ne rien exprimer et comme par calcul pour faire crier bravo ! aux sots.

La quatrième fois, il examine la basse et le dessus pour découvrir des mélodies dans les parties travaillées en batteries. Cela se trouve fréquemment dans les exercices fugués, ailleurs aussi. Alors il fait bien ressortir le chant et adoucit les notes accompagnantes. La cinquième fois, il s'occupe du mouvement du morceau, le fait fléchir selon l'expression, l'accélère, le ralentit d'après l'examen raisonné de ce que chaque phrase exprime. Il ne se permet cela que dans la musique qui en est susceptible et non dans certains morceaux classiques comme les fugues, mais il le fait si admirablement bien, que l'effet est superbe, parce que rien ne choque les convenances musicales.

Quand un morceau est ainsi approfondi, scruté, il se met à l'étudier.

Dans les exercices de Bertini il y a de la passion; les sentiments débordent pour ainsi dire, ils sont fort difficiles à jouer, parce qu'il faut que les doigts se plient à toutes les émotions, à l'impétuosité de la colère, à la fougue, à de violentes agitations. Pour bien jouer le dernier, par exemple, il faut une vitesse, une force, une habileté pour les octaves, pour les accords redoublés, qu'on n'obtient qu'avec de longues études. Il a dit à Valérie d'étudier tous les jours durant deux heures, des gammes d'octaves piquées avec énergie en enlevant bien la main à chaque octave, afin d'acquérir une force libre et souple, ensuite les accords frappés redoublés sur la même note en arrivant par la souplesse à les accélérer beaucoup et *fortissimo,* puis les octaves arpégées en gammes, en commençant par *ut* majeur, puis *la,* ton relatif, *fa* et ton relatif et ainsi de suite.

Il veut qu'en faisant ces exercices elle étudie les nuances et s'y complaise, que tantôt elle cherche des *piano* insensibles, doux et légers, puis des *crescendo* bien faits, des contrastes, enfin des *fortissimo* éclatants. Il ne veut pas que l'on étudie machinalement, mais que l'âme cherche toujours à exprimer et que toutes ces nuances qui forment la vraie palette du musicien soient dans sa main toutes parfaites et par habitude, sans qu'il faille un travail au moment où il les appelle à ses ordres.

Les fugues expriment l'ordre, la gravité, l'harmonie, quelque chose de grand, de noble, de réglé, de vaste; il faut rendre tout cela en musique. Il faut les jouer avec régularité, avec des nuances, avec de l'expression, mais tout en leur conservant la gravité et la noblesse. Ce sont des moines vénérables qui chantent; ils peuvent bien éprouver des mouvements de passion; mais ils les voilent. Nous avons trouvé avec M. Liszt que les fugues de Bach étaient à la musique ce que l'ordre gothique est à l'architecture. Toutes ces parties qui naissent, se choquent, se rencontrent, se croisent, se mêlent et forment pourtant un tout régulier, sont les fines et merveilleuses dentelures qui forment dans leur tout de si magnifiques cathédrales. Dans les fugues toutes ces phrases doivent être exprimées, senties, clairement jouées ; le plaisir naît dès que l'oreille peut les entendre et les suivre.

Il a fait jouer après la fugue en *mi* bémol du premier livre, un exercice de Kalkbrenner. Il est suave, vague, tendre, vaporeux, je le comparais à une matinée belle mais un peu voilée de l'automne ; « dites plutôt du printemps » — ajouta Liszt — avec un sourire. Il avait raison, cette musique exprime trop d'amour pour l'automne de la nature ou de la vie.

Il faut jouer cet exercice avec une sensibilité suave, un toucher doux, moelleux, exprimant parfois une tendre rêverie, s'y complaire alors un moment, puis, comme fatigué de cette émotion, achever avec lassitude, avec indifférence, parce qu'on ne peut pas toujours être ému.

Kalkbrenner a indiqué son exercice plus lentement que ne le voudrait Liszt, mais il exige qu'on
garde « le mouvement de l'auteur ». Seulement il
veut qu'on le réchauffe quand le motif reprend
pour la seconde fois ; on le joue alors un peu plus
vite.

16 JANVIER

HUITIÈME LEÇON

Il a d'abord fait étudier quelques passages auxquels il tient beaucoup pour assouplir la main et pour la rendre énergique. Ce sont des octaves frappées sur la même note en les relevant et les faisant vite et longtemps.

Il parcourt comme cela les vingt-quatre gammes par relatives ; il fait de même pour les octaves arpégées. Il veut aussi des accords frappés sur les mêmes notes, puis les octaves suivies simples et arpégées, des trilles de tous les doigts en maintenant tous les autres appuyés, enfin des notes simples, redoublées en tenant tous les autres doigts. Il fait tout cela des heures de suite, en lisant pour se désennuyer. C'est alors qu'il médite ses lectures tout en exerçant ses doigts. Il a fait rejouer l'exercice de Kalkbrenner en répétant les observations de l'autre jour, et en ajoutant de nouvelles remarques. Il déteste le crispé, l'apprêté, il veut de beaux sons, qu'on donne tout ce que l'on peut donner, qu'on ne garde rien pour soi ; qu'on ait une expression libre, aisée, naturelle, abandonnée pour ainsi dire. Quand le motif reprend pour la seconde fois, il le fait jouer un peu plus accéléré, mais ni trop vite ni agité ; il ne veut pas de l'orage, mais seulement un doux zéphir. Chaque expression est motivée, étudiée, réfléchie. Il a ensuite joué une étude de Moscheles : « Voulez-vous essayer ce morceau, c'est un de mes amis ? » a-t-il dit avec grâce. Il l'a joué délicieusement, avec un vague, une rêverie, une désinvolture, quelque chose d'inspiré, de doux, de tendre, d'imprévu et de naïf, dont l'ensemble était enchanteur. Sa basse était à la fois liée, cadencée, mesurée comme des vagues régulières, mais pas une note frappée ni saccadée. Le dessus chantait avec âme et candeur, tantôt semblait rêver, puis s'animer. On aurait dit voir passer et repasser des pensées, des sentiments trop fins, trop exquis pour être rendus autrement qu'en musique. Avant de faire commencer cette étude à Valérie il lui a lu l'ode de Hugo à Jenny ; il voulait lui faire comprendre par ce moyen l'esprit du morceau auquel il trouvait de l'analogie avec la poésie. Il veut que l'expression soit basée uniquement sur des sentiments vrais, sentis profondément et sur un naturel parfait. Car souvent

il fait jouer certaines phrases, indifféremment,
languissamment, comme si on était las de sentir ; c'est chose difficile que dire et taire à
propos.

JEUDI 19 JANVIER

SOIRÉE DE M. LISZT

Il a joué, à quatre mains avec Valérie l'ouverture du Freischütz... Il s'interrompait pour lui donner des conseils ; il lui a fait piquer plusieurs accords d'accompagnement en levant beaucoup les doigts. Puis il lui a montré à arracher les arpèges avec vigueur sur la dernière note, cela produit un son de harpe. Il a ensuite beaucoup joué seul. Non pas des pièces régulières, mais de beaux passages, de belles modulations, des chants de je ne sais combien de compositeurs qu'il ennoblissait par sa manière sublime de les rendre. Il a donné un échantillon du concerto de Weber qu'il a joué divinement. Dans le beau thème du rondo (qui revient plusieurs fois) il le caresse pour ainsi dire, il le dit avec une molle et tendre naïveté mettant à la fin tout l'emportement de la passion. Il nous a très

bien fait comprendre le pas qu'a fait la musique
depuis quelques années et sa marche assez rapide
vers un genre plus large, plus naturel, moins en-
caissé dans les règles. Il trouve chez Rossini un
grand progrès, même dans son Guillaume Tell. Les
autres ouvertures ne lui plaisent que par lambeaux,
il estime qu'elles sont trop rythmées, trop mesurées.
Rossini est riche de mélodie mais un pauvre harmoniste. Dans l'ouverture de Guillaume Tell il aime
beaucoup le début des basses et nous les joua admirablement bien. Il exécuta l'orage comme un ange
ou un démon, tant il y mettait de fougue, de flamme.
Mais il nous dit qu'il n'admirait pas la facture de cet
orage, que c'était très ordinaire.

Par opposition, il nous joua un morceau de
Beethoven, sauvage, inattendu, profond qui le ter-
rassait d'admiration et d'étonnement. Il s'humilie
profondément devant Weber et Beethoven, il dit
qu'il n'est pas encore digne d'exécuter leurs œuvres
et cependant il les joue en brûlant son piano. Il
est si généreux, si bon, que voyant que je n'admirais pas Hertz, il me fit entendre un morceau charmant sans me dire de qui il était et quand je l'eus
aimé il se fit un plaisir de me nommer l'auteur; et
cependant Hertz est son rival de gloire musicale.
Il nous joua des compositions de Weber, de Beethoven et tels sont l'expression, le caractère passionné qu'il imprime à tout ce qu'il joue qu'on est

arraché à soi-même et envahi par les sons. On vit en lui et non en soi.

«Abandon naturel et passion», voilà sa devise. Son expression n'est jamais prétentieuse ni mondaine, elle est le reflet de son âme, qui est fière, sauvage, indépendante et ardente au dernier point; elle est la révélation de toutes ses pensées et le soulagement de son cœur, sans autre but que celui d'épancher ses nobles et brûlantes impressions. Il résulte de cette musique pleine de chaleur, de jeunesse, de verve, d'inattendu, de naturel, des effets incroyables ; c'est un autre monde, dans lequel il vous enlève et vous entraîne, il vous oppresse, vous essouffle, vous agite et vous élève tout à la fois. A quarante ans, il sera peut-être plus habile, mais ne jouera pas comme cela, il y aura alors du positif et l'idéal fantastique et orageux aura disparu à peu près. Même à présent, chez lui, tout n'est pas inspiration, il calcule, il creuse beaucoup.

Il est éminemment méditatif et réfléchi ; cette tête-là est celle d'un penseur, et c'est même un phénomène remarquable chez un homme de vingt ans d'entendre mesurer et approfondir toutes ses paroles, sans en jeter jamais une seule au hasard, comme tant de gens et presque tous.

VENDREDI 20 JANVIER

NEUVIÈME LEÇON

Nous sommes arrivés chez lui à 11 heures. Il s'exerçait en manches de chemise dans une petite chambre bien chaude. Sa mère travaillait. Ils avaient l'air heureux. Il a vite passé un habit pour nous recevoir. Sa physionomie était riante, ouverte, il était bien disposé. Il avait conservé de la soirée une impression agréable, son amitié pour nous s'en était avivée.

Nous avons commencé par beaucoup causer mais non oiseusement; avec un profit réel car sa conversation est toute pleine de choses, de révélations musicales. Il trouve un grand plaisir à s'épanouir devant deux personnes qui le comprennent et notre approbation excite son talent. Il a fait jouer à V. trois fois de suite l'exercice d'octaves *agitato* de Moscheles, avec un détail admirable. Plusieurs choses le caractérisent:

c'est d'abord de sentir vivement et avec profondeur et
de rechercher avec son caractère scrutateur à rendre
ce qu'il sent. Il a fait ce travail devant nous, il se dépi-
tait, il n'était pas content, ce n'était pas précisément
ce qu'il voulait dire, c'était trop, trop peu, il est arrivé
enfin. Il arrache des arpèges de la main gauche, il a
des *staccato* dans les vitesses, dans les sauts, dans les
octaves qui en doublent la difficulté et le brillant. Il a
des *crescendo* d'expression qui font un effet incroyable. Il dit une phrase languissamment, indifféremment, comme en la dédaignant, puis il s'anime par
degrés, et il devient comme un fou, il dévore le piano
et vous oppresse. C'est ainsi qu'il a joué un magnifique menuet de Weber. Ce morceau est sauvage, inattendu, admirable. Il commence avec verve, avec feu,
avec énergie, avec tumulte, puis, tout à coup le trio
commence. C'est une valse, il la dit innocemment,
vaguement. Une seule dissonance jetée au milieu de
cette musique douce et tendre est là comme une
mauvaise pensée ; puis à la fin du trio, il s'anime et
devient fougueux, le menuet reprend âpre, étonnant
et cet admirable morceau vous suffoque à la lettre.
Mais n'anticipons pas. Il a donc fait jouer à Valérie
son exercice et a été si content d'elle, qu'il lui a
dit qu'il aimait mieux son expression que celle de
Moscheles dans ce morceau, parce qu'il fallait un cœur
de femme pour le sentir. Il lui a fait ensuite ébaucher
un autre exercice de Moscheles, une espèce de batte-

ries compliquées et variées, qu'il faut jouer avec énergie en piqué *marcato*. Jamais les difficultés ne l'arrêtent ; il ne recherche pas le brillant ni la netteté, tout cela est au-dessous de lui et il l'a sans y prétendre et pour ainsi dire sans en faire cas. Après avoir causé musique, il nous a joué ce menuet de Weber, puis un exercice de Kessler en octaves, grand, large, magnifique, de la plus grande difficulté. Il a dit ensuite l'exercice de Moscheles intitulé «Le combat des démons», moins grandiose que celui de Kessler mais pourtant original et fort beau. Ensuite un morceau de la sonate de Czerny, un autre d'une sonate de Beethoven, puis le début de l'adagio d'un septuor de Hummel. Il venait de mettre sur le lutrin le grand concerto de Weber pour nous le jouer d'un bout à l'autre lorsqu'un importun vint nous interrompre et nous déranger. Il en a été fort contrarié, nous aussi, car ces moments où nous voyons se déployer le génie d'un homme aussi supérieur sont délicieux. Nous étions restées chez lui deux heures et demie. Il exige que Valérie fasse tous les jours deux heures d'exercices matériels sans compter le reste. Dans huit jours il donnera un concert à Rouen pour les pauvres. C'est bien charitable et d'un noble cœur.

MARDI 24 JANVIER

DIXIÈME LEÇON

Cette leçon s'est passée sans que Valérie ait
joué, mais elle n'a pas été moins bonne. Liszt nous
a joué pendant deux heures et demie. D'abord le
grand concerto de Weber que je possède. Le premier *tutti* il l'a joué avec langueur, découragement,
abattement, mélancolie, voilà la teinte générale du
largo, avec un toucher, une déclamation dans les
fioritures, quelque chose de chanté, de délicieux et
qui va à l'âme. Il glisse quelquefois le même doigt
d'une note à l'autre et alternativement pique, enlève,
détache, lie, selon l'expression requise. Mais toujours avec abandon, naturel et sans jamais de pré-
tention, de guindé, de crispé. Il a exécuté la marche
avec un véritable enthousiasme militaire, tirant une
sonorité immense de l'instrument. Il joua enfin le
final avec une fougue, une vitesse, une véhémence

qui sont comme un superbe orage. Il va toujours
progressivement et une certaine phrase qui revient
souvent dans le final et qui me semble être analogue à celle de l'Obéron, il la commence comme
en la caressant au début du morceau et accroissant
son expression vers la fin, il finit par la dire dans
les dernières pages avec fougue. Il trouve que les
traits du concerto sont un peu maigres et il les
nourrit. La musique de Weber lui paraît aussi
supérieure à d'autres musiques que la nature
gigantesque du Nouveau Monde et les forêts
vierges de l'Amérique le sont aux jardins entou-
rés de buis et divisés en plates-bandes de notre
Europe.

On ne trouve pas ailleurs cette puissance, cet
élan, cette verve, cette originalité, cette intimité
qu'il est seul à posséder. Il influe sur vous, de
cœur à cœur, et la musique devient sous ses doigts
une langue éloquente, passionnée, superbe, émou-
vante, qui brise, qui émeut, qui use. Il nous joua
encore une sonate de Weber dont le menuet est
admirable, avec un trio qu'il dit avec douceur et
sensibilité; le rondeau est parfaitement gracieux et
doit être rendu avec amabilité. Il nous fit entendre
des morceaux de Mozart qu'il estime le premier des
compositeurs. Il joua aussi du Rossini, du Haydn
qu'il trouve vieilli, trop cadencé, trop mûri. Liszt
est un romantique en musique, il déteste les formes,

les entraves, les coupures monotones, la musique
civilisée en un mot; il lui faut du grand, du vaste,
du large, de l'immense comme sa tête et comme
son âme. C'est un homme de génie.

MARDI 31 JANVIER

ONZIÈME LEÇON

Cette leçon dura deux heures. Liszt la donna avec infiniment de zèle et de patience et pourtant nous en sortîmes V. et moi, avec du malaise. Il avait été poli mais moins amical ; ses grands succès de Rouen l'avaient un peu séparé de nous. La tristesse lie plus que le bonheur. Néanmoins je vais transcrire ici quelques traits de la leçon. V. arrivait avec sa sonate bien étudiée, mais hélas ! tout croula et s'évanouit devant Liszt. Les expressions de la pauvre enfant étaient trop uniformes, et quelquefois crispées. Liszt est tout autre chose. Valérie encadre trop, précise trop ses expressions, marque trop ses notes avec détail. *« Ne jouez pas autant »* lui disait Liszt ; ce mot quand on connaît sa méthode exprime beaucoup de choses. En effet, quand il joue lui, il n'y a rien entre son cœur et vous, c'est la passion pure sans l'entremise de passages prétentieux ; et si ces passages sont nets, brillants, rapides, admirables, c'est comme moyen jamais comme but.

Il nous a parlé de la mesure. « Je ne joue pas en mesure », nous a-t-il dit. Comme j'étais ahurie de cette franche déclaration, il a commenté sa phrase. La mesure est dans le sens musical, comme le rythme est dans les vers et non dans la manière lourde et cadencée dont on pèserait sur la césure. On ne doit pas imprimer à la musique un balancement uniforme, mais l'animer, la ralentir avec esprit et selon le sens qu'elle comporte. Cela doit se passer ainsi surtout pour la musique actuelle qui est toute romantique, les classiques surannés se rendent avec plus de régularité. Il a encore recommandé des octaves simples et arpégées dans tous les tons, les notes frappées de tous les doigts, en tenant appuyés ceux qui n'entrent pas en action, les gammes rapides et fortes, enfin toute la gymnastique de la main au moins deux heures par jour.

MARDI 7 FÉVRIER

DOUZIÈME LEÇON

Hier Liszt est venu passer la soirée chez nous.
Il a joué comme un dieu, jamais je ne l'ai vu
si entrain.

Une journée passée au Jardin des Plantes
l'avait admirablement bien disposé, il était gai,
serein, amical. Il a joué d'abord la deuxième des
sonates de Weber avec un feu, une âme, une
passion incroyables. Quelle que soit la difficulté
d'un passage il donne à chaque note le son entier,
éclatant, sonore, au lieu de ces demi-sons pénibles
et étranglés d'une main impuissante.

Ses expressions sont vraies, naturelles, sincères,
il les calcule à loisir, les arrête, puis l'inspiration
du moment leur donne la vie. Sa déclamation
musicale est le reflet d'une âme noble, tendre,
pure et passionnée, rien de vulgaire ni d'apprêté

ne vient la ternir ; on l'aimerait, on l'estimerait, on se fierait à lui après l'avoir entendu. — Il commence ordinairement ses morceaux avec langueur, quelquefois avec indifférence, puis il s'anime, et entre alors dans un état de telle agitation que sa poitrine se gonfle, que ses yeux étincellent, qu'il palpite, devient haletant, écume presque, tant son âme est délirante. Dans ces moments-là, sa vitesse et sa force sont telles que le piano prend un éclat, un brillant inaccoutumé, et tous les instruments, quelque mauvais qu'ils soient deviennent superbes sous son jeu.

Il dit la partie gracieuse du commencement de cette sonate avec la plus grande langueur, en faisant ressortir toutes les nuances, et toutes les notes éloquentes du dessus et de la basse avaient leur place et venaient tour à tour parler à l'âme. Dans le menuet il fut sublime et dans le troisième morceau sa vitesse et sa passion devinrent sans bornes. Quelquefois, mécontent de la manière dont il avait dit une page, il la recommençait deux ou trois fois en cherchant son idéal, s'en approchait par degrés, finissant par l'atteindre. Il variait chaque fois les vitesses, les augmentait, les nourrissait, ajoutait des tierces, des octaves, des sixtes et tout cela ne le gênait pas, lui paraissait simple et aisé. Il nous joua ensuite un magnifique exercice de Kessler prêtant aux batteries harmonieuses un charme parfait en faisant admirablement ressortir la note du chant ; il l'attaquait avec une force moelleuse en laissant tomber son doigt franc et plein ; cela produisait plus d'effet que le lié. — Il nous joua de Czerny un beau rondeau passionné et l'on peut croire qu'il le rendit plus brûlant encore (1).

Il improvisa comme un dieu avec des détours inimitables, des notes délicates, sensibles, originales, agrémentées de fioritures ravissantes. Il joua ensuite le concerto de Hummel, se trouvant comme emprisonné dans un cadre mesuré et trop étroit pour lui, mais il sut reculer les entraves, animer ou retarder le mouvement, alanguir les chants ou leur donner de la vie et il se joua des difficultés avec une magie, une noblesse, une fierté parfaites, changeant les passages pour les rendre plus riches et plus difficiles. Sa petite main effilée anéantissait quelquefois le piano par sa vigueur, d'autres fois flottait légère sur l'instrument, mais jamais la routine ne dirigeait son expression. Il rejette comme antiques, comme étroites et glacées toutes les expressions de convention qui régnaient jadis dans la musique, réponses *forte-piano, crescendo*

(1) Madame Boissier indique dans sa correspondance trois compositions que Liszt admirait beaucoup : 1° des variations de Hertz sur l'air: *sul margine d'un rio,* 2° trois amusements de Hummel, 3° la Valse viennoise de Czerny op. 12.

réguliers dans certains cas prévus et toute cette
sensibilité systématique il la déteste et ne la
pratique jamais. Comme je l'ai déjà dit, il cherche à reproduire des émotions fortes et vraies,
des passions, des impressions violentes : la ter-
reur, l'effroi, l'horreur, l'indignation, le désespoir,
l'amour porté jusqu'au délire ; à ces mouvements
orageux succèdent l'abattement, la fatigue, la langueur, une sorte de calme plein de mollesse,
d'abandon, de lassitude, puis l'âme épuisée reprend
des forces pour souffrir et pour brûler. Parfois,
au fort de la tourmente, une éclaircie survient, un
de ces coins « bleu céleste » qui se voient quelquefois
au milieu des plus sombres nuages. C'est un chant
divin, ce ne sont que quelques notes tendres, douces, sensibles, jetées là, avec leur chromatisme
délicieux, leurs accords suaves qui semblent cares-
ser le cœur. Puis la violence de la passion repa-
raît et entraîne tout ; alors, les effets produits
sont si grands, que nulle parole, nulle déclamation tragique ne pourrait remuer à ce degré les
auditeurs. Pour peindre ainsi, il faut avoir beaucoup vu et beaucoup senti, aussi Liszt recherche-
t-il avidement toutes les émotions. Il se collette,
pour ainsi dire, avec la nature souffrante, il épie
le langage de toutes les douleurs. Il visite les hôpi-
taux, les maisons de jeux, les établissements de
fous. — Il descend dans les cachots, il a vu même

des condamnés à mort ! C'est un jeune homme
qui pense beaucoup, qui rêve, qui excuse toutes
choses, il a le cerveau aussi exercé, aussi extraordinaire que les doigts et s'il n'eût pas été un
musicien habile, il eût été un philosophe, un lit-
térateur distingué.

Il nous lut un portrait de Pascal tracé par Chateaubriand ; il lit à merveille ; il accentue comme il joue et son âme s'exprime par le verbe comme par la musique. Après avoir beaucoup causé, on se mit à la leçon. Il prit le menuet de la sonate que Valérie étudie ; il le lui fit jouer avec tant de feu qu'il en fut presque malade nerveusement après. Ce menuet peint parfaitement la folie, l'égarement, le décousu, l'incohérence d'un cerveau dérangé. Il faut le jouer dans ce sens, entrecouper les phrases, y mettre l'agitation, le trouble de la démence, d'une démence qui quelquefois s'élève au désespoir furieux. Vient ensuite le trio, semblable à un retour lucide, à une joie légère. Il le fait jouer *dolce, piano,* plein de mollesse, de grâce, d'innocence, sans rien accentuer, tout uni, surtout au commencement. Son toucher à lui est fluide, ses doigts ont comme des cloches vibrantes à chaque extrémité. Le menuet reprend après le *trio* brusque, saccadé, incohérent, troublé, furieux — et alors il développe toute la puissance de ses doigts, en énergie et en vitesse, cela devient par gradation tout à fait prodigieux. Il est à la hauteur de Weber qui est à la sienne. Il résulte de cet accord entre deux hommes de génie quelque chose d'admirable. Quand la leçon fut achevée, il se rassit et récapitula ce menuet en montrant comment devait s'exécuter et s'exprimer chaque passage. Cette démonstration fut très piquante, très évidente et fort instructive ; mais Valérie, abasourdie par un pareil talent en fut comme écrasée ; elle n'avait pas l'habitude de courber la tête devant une telle puissance musicale. Depuis lors elle a beaucoup travaillé.

QUATORZIÈME LEÇON

Hier quand nous arrivâmes, Liszt était sombre, il avait comme reculé dans le pays de l'indifférence. Son amitié pour nous avait fait des pas rétrogrades ; je crois qu'il nous avait attendu quelques instants, et il a trop d'imagination et trop de véhémence pour pouvoir attendre. Sous son air doux, aimable, poli, c'est un volcan. Il pèse, il scrute, il creuse, il n'oublie rien, il approfondit tout, il inspire la confiance, il appelle l'abandon, et pourtant aucun de vos mots n'est perdu pour lui. Il les commente tous. Il nous dit qu'à 17 ans il avait eu pour la prêtrise une vocation si décidée, que son havresac était fait pour aller au séminaire, mais que ses parents l'en avaient empêché. Hier, il était si pâle, sa physionomie serrée exprimait tant la souffrance qu'il avait l'air d'un martyr.

Pauvre jeune homme ! Il nous mit tout de suite au piano. Il reprit la sonate de Weber et on ne se figure pas avec quel détail il faisait jouer chaque note. Il les reprenait toutes ; toutes avaient leur sens, leur expression, c'était un vrai traité psychologique. Si Talma avait voulu montrer un rôle en le détaillant il n'aurait certainement pas creusé davantage Racine et Voltaire que Liszt creusait Weber. Il mit à cette leçon une patience, une perfection qui écrasèrent Valérie. Impossible de le satisfaire, elle aurait pleuré hier en sortant.

MARDI 14 FÉVRIER

QUINZIÈME LEÇON

Liszt vint hier au soir et à première vue me déchiffra admirablement bien mon grand concerto, galopant au travers des difficultés dont il est hérissé sans être arrêté par elles, grâce à la perfection incroyable de son jeu. Il aima beaucoup ce morceau et j'ai grandi dans son estime (1). Aujourd'hui

(1) Dans sa correspondance, Madame Boissier écrit : « A la fin de la soirée, Liszt se mit au piano et voulut déchiffrer quelque chose de moi. Je lui présentai mon grand concerto, celui de « La chasse ». Il est horriblement difficile et véritablement griffonné n'ayant jamais été remis au net. Le musicien sorcier me le joua d'un bout à l'autre comme s'il l'avait appris par cœur en y mettant une expression, une vitesse, une facilité et une perfection irréprochables. J'avais la satisfaction de m'entendre et d'entendre ces phrases sorties de ma pensée, embellies par tout le prestige d'un talent prodigieux. Rien ne peut donner l'idée d'un plaisir aussi piquant. Une autre jouissance pour moi fut l'approbation du jeune Orphée. Il est en général si franc et si éloigné de toute flatterie qu'un mot de lui est de l'or ; aussi quand il

la leçon a été fort courte mais excellente. Il a été
très content de Valérie et la sonate de Weber a
bien réussi ; il trouva encore un peu de retenue
dans son expression et quelque chose de trop
concentré. « Donnez tout ce que vous sentez » lui
dit-il, « et ne serrez pas votre toucher. » En général l'abandon et la souplesse sont la devise de Liszt.
Il trouve que Valérie doit prendre quelques leçons
de Reicha pour qu'il lui ouvre un peu les idées
sur la théorie (1). Ensuite il a appuyé fortement
sur l'urgence de plier et d'assouplir les doigts dans
tous les sens en faisant au moins trois heures par
jour des exercices multiples, gammes diverses, en
octaves, en tierces, des arpèges sous toutes leurs
formes, des trilles, des accords, enfin tout ce que
l'on peut faire. Quand on a les doigts parfaitement souples et forts, on a dompté les plus grandes difficultés du piano. Il n'approuve pas qu'on

me dit que mon concerto était infiniment supérieur à tout ce qu'il
avait vu jusqu'ici de moi et qu'il le trouvait beau, je fus satisfaite et
presque un peu glorieuse. Il voulut reprendre les chants et en les
rejouant il les aimait mieux encore. « N'a, pas qui veut, des inspira-
tions comme celles-là, » me disait-il en les exprimant d'une manière
délicieuse avec ses doigts de fée. J'avais peine à reconnaître ma musique ainsi jouée. »

(1) Joseph Reicha, compositeur tchèque très connu par ses
ouvrages sur la théorie musicale. Madame Boissier qui avait pris des
notes détaillées sur ce cours de composition donné à sa fille parle
avec une grande admiration du savant harmoniste « L'homme le
plus clair et le plus évident dans ses explications que j'ai jamais vu. »

finisse minutieusement les morceaux, il veut qu'on
en prenne l'esprit, que d'une part, l'on s'exerce à
faire des passages et que de l'autre, on déchiffre
beaucoup. La passion doit être impétueuse, mais
il avait l'air de croire qu'une jeune demoiselle ne
pouvait peindre que des sentiments doux. On ne
doit exprimer que ce qu'on sent et il voit là tout
le secret de la déclamation musicale.

VENDREDI 17 FÉVRIER

SEIZIÈME LEÇON

Leçon admirable aujourd'hui, Liszt plein de
génie, éblouissant d'esprit; il est intelligence et
lumière. Il nous a développé son système, qui
est à la fois large, simple et basé sur la vérité.
Quant au toucher il ne veut pas qu'on appuie
jamais sur l'extrémité du doigt ni sur les ongles
mais sur la paume du doigt ce qui l'aplatit néces-
sairement et lui donne de l'aisance. Par ce
moyen le son est pur, plein, rond et entier,
et non étranglé et mesquin. Il veut qu'on joue
entièrement et sans exception du poignet, en faisant ce qu'on appelle « main morte », sans que
le bras y entre pour rien, mais qu'à chaque note
la main tombe du poignet sur la note, comme
par un mouvement élastique. Il veut une égalité
irréprochable dans les notes, il y attache la plus

grande importance et ses oreilles délicates saisissent les plus légères inexactitudes dans leur proportion. Toutes doivent être rondes, pleines, sonores, égales et jamais saccadées ni inégales, trahissant le pouce ou un autre doigt. Le quatrième est faible et comme le troisième se fait parfois sentir — il faut les écouter et les corriger avec soin. Pour cela il importe de faire les exercices lentement, régulièrement, en attaquant et frappant chaque note avec le poignet pour la rendre pleine et entière. Le piqué et le lié sont deux accessoires ; le piqué est plus employé en musique, il faut les travailler tous deux mais surtout le piqué. Tous les traits en musique, tous les enchaînements, quels qu'ils soient, se réduisent à un certain nombre de passages fondamentaux qui sont la clef de tout. Je l'avais pressenti dans mes exercices (1). Pour apprendre les octaves, il faut d'abord pendant des heures et cela chaque jour les battre du poignet sur la même note, d'abord très lentement et toujours à l'aise jusqu'à ce que tout naturellement on les accélère, parce qu'on y devient plus habile.

« Ayez patience avec vous-même » dit Liszt, et ce mot peint parfaitement sa pensée qu'il ne faut

(1) Madame B. fait allusion à des exercices qu'elle avait composés.

pas hâter les temps et vouloir faire ses exercices trop tôt, vite. Quant aux octaves, il faut les faire en gammes, les notes toujours égales, largement frappées et le poignet souple, flexible, la main molle et tombante. On fait ces gammes d'octaves, en les répétant douze fois ou davantage de suite, chaque gamme partant du *pianissimo* pour arriver au plus grand *forte* et vice-versa. Enfin on fait des octaves en accords sautés, comme accords parfaits et septièmes diminuées, en parcourant divers tons par un enchaînement de modulations, la main restant toujours parfaitement souple, sans qu'il soit jamais permis de la raidir le moins du monde ni de se crisper sur son piano pour atteindre le *forte*. Le *forte* doit venir du poignet et d'un coup jeté avec vigueur et souplesse. Les octaves arpégées se font suivant le même principe, en gammes frappées sur la même note, gammes chromatiques et accords parfaits et autres. Quand on possède bien ces octaves, on peut faire face à tous les passages ou enchaînements en octaves qu'on trouve sur son chemin. — Pour en venir à ce point, il faut faire ces passages très long-temps de suite et en général, s'adonner à peu de passages plutôt que d'en parcourir un grand nombre à la fois. — Pour arriver à réussir les accords frappés redoublés sur la même note avec force, agilité et sans la moindre raideur, il importe de faire des gammes et accords harmoniques, en battant au

moins douze fois le même accord avec toute la
force et la souplesse possible, toujours du poignet.
— On doit commencer cet exercice-là très lentement, de peur de se raidir tant soit peu. Pour les
gammes courantes, se garder de les faire exécuter
trop tôt à une élève, parce qu'elle prendrait de mau-
vaises habitudes, si elle les travaillait avant d'avoir
beaucoup de force physique. Quand le moment est
arrivé, on ne doit pas les jouer vite et en coulé, ni
produire des sons petits, étranglés et rapides, car
cela ne vaut rien. — Pour arriver à la vélocité, il
faut les jouer d'abord lentement, en frappant chaque
note de la paume du doigt à main étendue plutôt
que ronde, en faisant glisser le pouce de note en
note et en tenant la main penchée en dedans, de
droite à gauche comme l'indique Moscheles dans sa
méthode. — Chaque note doit être forte, pleine et
largement appuyée. Quant Liszt touche le piano,
il a un son qui fait paraître tout autre toucher
incomplet, étranglé et tout à fait désagréable. — Pour
arriver à faire les enchaînements d'accords parfaits
courant dans tous les tons, il les fait exercer sur les
mêmes principes et il les joua à Valérie. Il étudie de
même les sauts et les tierces, les trilles, enfin tous les
passages fondamentaux, moyennant quoi on arrive
à ne plus rencontrer dans la musique aucune difficulté. Il dit que Valérie est sur trois cents élèves celle
qu'il a trouvé sentir le mieux la musique et que si

elle travaille beaucoup et bien, elle arrivera à une
plus belle exécution que lui. — Il lui promet, si elle
persévère, un talent de premier ordre et il était aujourd'hui si amical, si bon, si spirituel, si lumineux
que je l'aimais de tout mon cœur. — Il m'expliqua
que sa connaissance de l'harmonie et l'habitude de
beaucoup jouer de musique à première vue, l'ont
amené à vaincre les passages dans tous les tons et à
déchiffrer de la sorte. — Sa tête est remarquablement
bien organisée, il remonte aux principes dans tout
ce qu'il étudie, ce qui lui donne des notions justes,
saines et précises. Je le trouve extrêmement logique et
original parce qu'il n'est ni exagéré, ni sujet aux pré-
ventions, il voit ce qui est et pour arriver à la connaissance, il commence par monter chaque échelon
de l'échelle l'un après l'autre, sans chercher à en
gravir plusieurs à la fois.

DIX-SEPTIÈME LEÇON

Liszt a fait jouer à ma fille l'exercice d'octaves de Kessler à mon avis fort au-dessus de sa portée. Il compare cet exercice à l' « Enfer » de Dante, la comparaison est juste ; pour le mécanisme de l'exercice il veut qu'on le joue avec souplesse et piqué ; que les octaves soient bien pleines, bien pures et qu'on les attaque la plupart du temps avec une vigueur inconcevable. L'expression de ce morceau est la fureur, l'horreur, l'indignation, la vengeance, le délire ; pour rendre tout cela il faut un poignet d'Hercule. Valérie est encore très loin de cela ; elle a commencé un second exercice pour apprendre à frapper les accords répétés. Valérie l'exerce pour demain.

VENDREDI 24 FÉVRIER

DIX-HUITIÈME LEÇON

Admirable, admirable leçon, j'aurais voulu inscrire
à mesure tous les mots sortis de cette bouche de 20
ans ; tous étaient lumineux, hardis, frappants, forts,
puissants de vérité, profonds comme tout ce qui sort
de cette tête logique et originale. Au commencement
de la visite Liszt était sombre, découragé, presque
morose, j'étais moi-même découragée, il me semblait
qu'il se lassait de nous, que les leçons l'ennuyaient;
j'étais piquée et je l'accusais de caprice, de boutades!!!

Il a commencé à enseigner le Kessler en accords redoublés ; il y a mis le doigté, il a indiqué
à la plume quelques nuances, il l'a fait jouer à
Valérie avec exactitude mais sans verve ; je l'ai
alors pressé de le jouer lui même, mais il m'a refusé,
et m'a dit qu'il était mécontent de lui, mal entrain, qu'il exécutait mal, qu'il était homme de désir,

mais qu'il ne réussissait jamais. J'ai eu sur la langue de lui répondre qu'il était surtout un homme de refus, mais j'ai craint de le blesser. Cependant j'ai lâché cette parole un petit moment après, elle a merveilleusement réussi, cette petite pointe de malice l'a électrisé ; il s'est animé, il s'est mis au piano. Il a exécuté cet exercice comme un dieu. Tout ce que les doigts peuvent avoir de souplesse, de prestesse, de douceur, d'énergie : tout ce que l'expression peut peindre en laisser-aller, en coquetterie capricieuse, en mutinerie inattendue et languissante, en fougue, en délire, en folie, se trouvait sous sa main. Cette musique était enivrante, inspirée, ravissante. Tout en jouant, il secouait sa chevelure soyeuse, ses yeux lançaient des éclairs, il disait qu'il était incapable, il était brillant de génie et désespéré de ne pouvoir atteindre sa perfection idéale. Liszt est un homme bien supérieur, cette organisation-là est tout autre que celle des autres êtres ; la nature l'a créé dans un accès de magnificence et à Paris où reluisent tant de talents divers, tant d'intelligences rares, il me paraît au sommet de l'échelle par ses facultés, son génie, son esprit et je dirai même par son âme. — Il a horreur des expressions maniérées, guindées, précieuses, « tout doit être large, sincère, vrai », dit-il ; « votre musique est celle d'un honnête homme », ai-je ajouté ; il en a ri et m'a dit: « Vous avez raison, je ne voudrais pas pour tout l'or du monde exprimer en musique des sentiments vulgaires ou des passions basses. » Nous avons parlé du naturel en musique, je lui ai dit qu'il me semblait le comble de l'art. Il en est convenu ; il faut dire ni plus ni moins en musique, il faut peindre son cœur et la nature après les avoir bien observés. Cela est venu à la suite d'une remarque qu'il a faite à Valérie dans son exercice ; après un transport de passion joué de toute énergie, il lui a dit : « Soyez simple et naïve comme sont les passions, dans les moments de repos où leur propre violence les a usées. » — Pour tout exprimer en musique il faut avoir des doigts à son commandement ; or quand on entend Liszt dire que ses doigts sont lourds et gauches, on est atterré car ils me paraissent la souplesse, l'égalité, le perlé, le brillant, l'habileté même plus que ceux d'aucun claveciniste. Avec cela il a le sentiment positif de son incapacité et il se propose de travailler encore énormément ; et comment s'y prendra-t-il ? Comme ceci : il veut qu'on pose les cinq doigts sur les touches, que chacun tour à tour frappe des coups redoublés tandis que les autres sont maintenus immobiles. Ceci pour les rendre parfaitement égaux et indépendants. Le quatrième, le petit, le troisième sont les plus mauvais et ceux sur lesquels on doit fixer son attention ; les autres doivent aussi être exercés. Il ordonne donc que chaque jour on exerce chaque doigt un quart d'heure de suite, en le levant très haut et en le posant non sur le bout mais sur le plat du doigt. Cet exercice doit se faire en lisant pour ne pas s'ennuyer. Il le considère comme de la plus haute importance et conduisant infailliblement au plus grand développement du mécanisme. Un exercice consiste à faire des trilles en maintenant sur les notes les doigts qui ne trillent pas. Un troisième enfin d'accords frappés sur les mêmes notes, avec le poignet souple, en jetant les doigts pour acquérir la plus grande indépendance et la plus grande vitesse possible. — Un quatrième exercice d'octaves redoublées sur les mêmes notes, avec le poignet souple et cassé, et les doigts jetés sur les notes ; cela doit se faire des heures tous les jours. Puis les gammes en octaves pleines et arpégées dans tous les tons, octaves chromatiques, octaves sautées en accords parfaits et dissonants. — Enfin les mêmes accords arpégés d'un bout du clavier à l'autre en enchaînant les tons.

Moyennant ce travail, on peut arriver à tout. Liszt ayant parcouru cette route en fournit la preuve, car son toucher et son habileté sont inimaginables. Mais il ne veut pas qu'on étudie avec fougue ni trop vite ; « prenez patience avec vous-même, » vous répète-t-il à chaque instant, « vous gâtez tout si vous voulez aller trop vite » ; « mettez tranquillement le pied sur chaque échelon afin de parvenir sûrement jusqu'en haut ; soyez patient ; la nature travaille elle-même lentement, imitez-la. Vos efforts conduits sagement seront couronnés de succès, tandis que si vous voulez tout acquérir trop vite, vous perdrez du temps et vous ne parviendrez point. » Je n'en finirais pas si j'écrivais tout ce que ce jeune homme extraordinaire a dit pendant deux heures, de spirituel, de piquant, de vrai, de lumineux. Sa physionomie scintillait d'intelligence, il donnait l'idée d'un être supérieur à l'humanité, tant la bonté et la tendresse d'âme se mêlaient à ses lumières.

En expliquant les deux exercices de Kessler, il a développé un feu, une vivacité de sentiment, un pathétique qui rayonnaient et réchauffaient. Il a fait jouer celui d'octaves qui est infernal. Il le compare au génie du mal, il veut qu'on l'étudie lentement pour en venir à bout. Liszt nous dit qu'il avait joué des années du piano, brillant dans les concerts et se croyant une merveille, puis un jour ne pouvant pas cependant exprimer — avec ses doigts — tous les sentiments qui l'oppressaient, il avait fait son compte, il s'était examiné, point par point, et avait trouvé qu'il ne savait faire ni trilles, ni octaves, ni même bien certains accords. Dès lors, il s'était remis à l'étude, aux gammes, et avait peu à peu entièrement changé son toucher. Jadis il se crispait aussi pour saisir les notes énergiques, maintenant il a banni de son jeu toute raideur, il lance ses doigts du poignet sur les touches tantôt

avec force, tantôt avec un mol abandon — mais
toujours avec une entière souplesse. Il trouve que
les doigts ronds donnent un certain guindé qu'il
déteste, il ne veut pas que dans les traits on sente
l'exécution prétentieuse. Il répète souvent — «vous
jouez ce passage», c'est-à-dire vous semblez *vouloir briller,* tandis que, selon lui, les roulades qui
doivent être parfaites ne sont jamais que des véhi-
cules de sentiment. Une âme passionnée, une âme
de feu, mais naïve, simple, tendre, mobile, tantôt
vouée au désespoir ou à la tendresse — parfois bal-
lottée par l'amour, par la jalousie, puis lasse et
abattue qui s'exhale en musique, voilà l'expression
de Liszt.

Je lui disais : « pour bien jouer il vous faudrait un
chagrin. » « Je ne suis plus capable d'en éprouver. » —
« Il vous faudrait donc de la colère. » — « Les sentiments bas ne peuvent avoir de l'influence sur
moi. » — « Oui, votre musique est celle d'un honnête
homme. » — Il me comprit et me remercia du regard.
Il est maintenant occupé à refaire son éducation et
malgré son inconcevable talent musical je ne le
crois pas destiné à rester un musicien et un artiste. Les
préjugés qui pèsent sur les artistes musiciens, ron-
gent son âme et cette idée est pour lui un malheur,
il cherche à s'y soustraire. En outre, pourvu de
rares facultés intellectuelles, il a le sentiment de
ses forces, le goût de l'étude et il fera des pas de

géant dans cette carrière parce qu'il a pris la bonne route.

Déjà à l'heure qu'il est, sa conversation est plus nourrie et traduit plus de connaissances que celle d'une foule d'hommes qui ont fait leurs études. Il cite à propos une quantité de choses — il a beaucoup lu — bien lu et tout retenu. Il m'a dit qu'ayant longtemps feuilleté des livres sans fruit, il s'était mis à lire autrement, à relire souvent ce qui le frappait, à comparer des ouvrages entre eux et qu'enfin il croyait s'y prendre utilement. En littérature et en musique c'est le même homme.

MERCREDI 29 FÉVRIER

DIX-NEUVIÈME LEÇON

Elle a roulé absolument sur les mêmes exercices de Kessler; en accords bien frappés et en octaves. Il a été fort content des progrès de Valérie, mais elle est loin encore d'avoir assez de souplesse, de force et de ballonné du poignet, les octaves ne sont pas encore justes, assez lancées et piquées et manquent d'élasticité. Dans l'exercice de Kessler, il met des expressions aussi détaillées, nuancées, motivées et approfondies que Talma dans l'analyse d'un rôle. Il chante, ses phrases musicales l'inspirent et dans sa verve il les déclame comme un grand acteur, cherchant avec ses doigts à atteindre l'expression juste.

SAMEDI 3 MARS

VINGTIÈME LEÇON

Leçon plus que médiocre ; Liszt était mal disposé, acerbe, récalcitrant, mal entrain. Il nous
faisait voir son côté artiste, capricieux, il y avait de
la sécheresse dans son âme. J'aurais pleuré, car il me
semblait que nous perdions un ami ; il était pour
nous un étranger et rien de plus. C'est un jeune
homme capricieux et mobile, mais plein d'esprit,
d'élévation dans l'âme et de talent, il est impressionnable au plus haut point. Abreuvé d'éloges dès
son enfance, il en a l'habitude et sa position actuelle
l'écarte du théâtre du succès ; je suis persuadée que
cela l'aigrit. Hier, il nous déclara qu'il n'était bon à
rien et tint parole. Il donna sa leçon pour l'acquit
de sa conscience, ne s'anima point, vétilla sur des
doigtés, fit déchiffrer un exercice du Gradus et laissa
poindre des tons suffisants. Sa leçon tout entière

ne valut pas dix minutes des leçons accoutumées et j'admirais la douceur et le zèle de ma chère petite Valérie qui se confondit de peine pour le contenter sans qu'il daignât l'encourager; aussi sortis-je de là en colère et j'aurais voulu lui dire franchement mes griefs sur lui. Nous l'avons peut-être un peu gâté, les jeunes gens sont tous présomptueux, et celui-ci fort supérieur aux autres n'est pas exempt de cette faiblesse.

MARDI 6 MARS

VINGT ET UNIÈME LEÇON

Leçon parfaite ; Liszt a de l'esprit. Il avait senti combien il avait été au-dessous de lui-même et désagréable samedi ; il voulut tout racheter. — Personne plus que lui n'a de la grâce, de l'amabilité, de l'attrait, quand il veut s'en donner la peine. Hier il voulut être charmant, il y réussit. Il fit jouer deux exercices du Gradus, dont un à notes frappées, redoublées sur la même touche, essentiel pour augmenter l'indépendance des doigts, leur souplesse et leur force. Il veut que lorsqu'on trouve dans un passage — quelques mesures qui résistent — non seulement on l'étudie des heures de suite, mais qu'on examine à quelle classe il appartient et qu'on l'étudie dans tous les tons. Or il divise tous les passages en quatre grandes classes :

1⁰ Les *octaves* qui comprennent les octaves simples, arpégées, en gammes suivies et en accords parfaits et dissonants. Il fait aussi entrer dans cette classe les accords de quatre notes et les fait étudier tout comme les octaves. Il veut que l'on fasse des octaves:

a) répétées sur les mêmes notes en parcourant successivement une octave. On le répète vingt, trente, quarante fois de suite en faisant avec soin des *crescendo* et *diminuendo,* tâchant de partir d'un *piano* fin, pour arriver au plus grand *forte.* Tout cela doit se faire uniquement du poignet sur la barre, à main morte, à doigts lancés, sans jamais se crisper, ni se forcer du bras (1).

b) arpégées en suivant exactement les mêmes indications.

c) en gammes d'un bout du clavier à l'autre, cinq, six, sept, huit fois de suite en parcourant les vingt-quatre tons, en enflant et diminuant, en soignant les sons. On fait cela en notes simples et arpégées et le plus possible chaque matin. On répète les mêmes exercices tant en notes redoublées qu'en gammes successives, en accords, en ayant soin que chaque note de l'accord soit également marquée, nonobstant les doigts faibles

---

(1) Liszt recommandait d'employer pour immobiliser l'avant-bras, une barre en acajou, qui se fixe au piano et qui n'est autre que le chiroplaste inventé par Logier et perfectionné par Kalkbrenner.

et inhabiles qui doivent devenir égaux aux autres.
Enfin, on doit rendre les octaves simples, arpégées et
les accords, en successions d'accords, parfaits comme
suit:

et ainsi de suite en passant par l'accord de septième
de demi-ton en demi-ton. Cette succession doit se faire
en octaves simples; puis lorsqu'on a exécuté la série
deux fois chaque accord d'un bout à l'autre du clavier,
on la recommence en octaves arpégées de même, puis
en frappant tout l'accord et cela d'une main ferme
puis de l'autre et enfin des deux réunies. Voilà pour
s'exercer journellement à faire des octaves dans tous
les sens. Quand tous ces passages sont devenus
familiers on ne rencontre plus aucune difficulté dans
aucune musique gravée. Il faut y joindre l'étude du
Gradus en octaves arpégées et celle de Kessler
en octaves simples qui complètent la leçon et
que l'on doit répéter plusieurs heures chaque
jour.

La seconde classe de passages comprend les *tré-
molos* sur la même note en notes simples redoublées,

en accords redoublés et en trilles. On doit tenir appuyés sur les touches les quatre doigts immobiles qui ne doivent participer en rien aux efforts que fait le cinquième pour frapper des coups redoublés qui doivent être d'une force progressive, partant du *piano* pour arriver au *fortissimo* ; le doigt doit être indépendant, se lever librement et beaucoup, frapper des coups pleins et francs. Le quatrième doigt est le plus inhabile et le plus mauvais, il doit être plus exercé que les autres ; ensuite le cinquième — faible de sa nature. Liszt recommande particulièrement qu'on fasse cet exercice, des heures de suite, en lisant et avec tout le soin possible. Les trilles doivent s'exécuter en tenant aussi les trois doigts inoccupés sur les touches et en levant librement les deux autres, puis les appuyant franchement et ferme. On ne doit pas oublier qu'il ne faut pas toucher de l'extrémité du doigt, mais de la paume du doigt ce qui le fait tenir presque plat et lui donne finalement plus de liberté et de rondeur.

Il restera à parler des notes doubles comme les tierces, sixtes, et qui formeront encore la troisième classe, puis des notes simples — comme les gammes, etc. — qui formeront la quatrième classe. Il a prié Valérie d'interrompre momentanément les gammes simples afin de ne pas embrouiller la classification et de donner plus de

temps aux octaves. Il dit qu'avec ce travail et
cette méthode on arrive à tout infailliblement ; il
engage à persévérer pendant une année ou plus
sans interruption et répond d'un succès complet.
Il rappelle que Kalkbrenner demande trois ans
pour former un élève par une voie analogue. Il
faut pouvoir graduer et manier son piano dans
tous les sens, faire succéder aux *piano* les plus
délicats et les plus moelleux, les *forte* les plus
fougueux et les plus passionnés. L'effet total est
magnifique, Liszt est étonnant ; c'est le résultat
d'un travail tout pareil qu'il fait encore avec assi-
duité.

En rattachant ainsi les difficultés à une grande
classification, on les voit en masse, elles étonnent
moins. Quand on étudie un morceau on les a
vaincues d'avance, il se trouve rarement des combinaisons nouvelles, où les modifications sont si
peu de chose, qu'elles n'arrêtent pas. Si quelque
chose de différent se rencontre on en fait dans
tous les tons l'objet d'une étude particulière et le
nouvel obstacle est vite surmonté. Quant au déchiffrement, il est évident qu'ayant l'œil et la
main exercés à toutes les combinaisons possibles, on les fait aisément et sans s'en étonner; de
plus, il faut se familiariser par la pratique avec
tous les accords, modulations, marches d'harmonie
qu'on étudie journellement sous forme d'accords

redoublés, d'octaves et que l'on fait entrer dans ces
exercices. Avec cela et un peu de lecture habi-
tuelle de musique on arrive bientôt à déchiffrer
tout à livre ouvert.

JEUDI 8 MARS

Hier, Liszt vint prendre le thé chez nous et resta
de 8 heures et demie à minuit un quart. La soirée fut
délicieuse, après la plus aimable conversation il
se mit au piano, il nous joua sa Fantaisie — in-
jouable pour tout autre que pour lui tant elle est
diabolique (1). Tous les passages sont saillants.
Les modulations neuves et les chants gracieux ;
il la joua comme il fait toute chose — avec la
plus grande expression. Sauts, croisés, octaves,
enchaînements de toute espèce, il enlève tout
cela comme bagatelle, n'ayant jamais l'air affairé
ni gêné par rien. L'introduction, il la prend lan-

(1) Il s'agit probablement de la *Fantaisie sur un air de la Fiancée*,
la seule œuvre qu'il avait fait graver à cette époque. Liszt la joua,
dans un concert de bienfaisance à Genève le 10 octobre 1835.

guissante, tendre, rêveuse, puis il l'anime dans les traits qui tous sont expressifs et joués comme s'il improvisait un peu « ad libitum ». Il dit le thème avec une grâce parfaite, molle, pleine d'abandon et de langueur. Son jeu ne m'a jamais paru plus caractérisé qu'hier ; ses doigts n'ont pas d'os, ni de nerfs, ce sont des pattes molles même dans les plus grands *forte*. Toutes les notes redoublées, les tierces, les accords et ces diableries qui sont dans l'introduction, il les joue avec une gentillesse et un naturel parfaits. Jamais une note fausse ni hasardée et les *accelerando* sont plus rapides que les pensées. Comme je l'ai dit le thème est le comble de la grâce. Il interprète la ritournelle *forte* en faisant sentir délicieusement les moindres notes chromatiques, soit dans la basse soit dans le dessus. — Rien n'égale la gentillesse et le lancé brillant de la première variation qu'il joue avec son toucher sonore et souple, — piqué du poignet. Il exécute vite mais sans précipitation et en faisant toujours ressortir les chants indiqués. Il y a des enchaînements en demi-tons chromatiques qui s'échappent de ses doigts comme des grains de perles. La seconde variation est *spiritoso* d'un bout à l'autre, jouée avec une précision rare. Il jette du poignet tous les accords largement. On pourrait rendre l'expression qu'il mit à cette variation, en disant que c'est une suite de petites peurs

et de surprises, — des fusées, puis des enfilades
de perles. Toute la fin de cette seconde variation
est l'esprit, la légèreté, la gentillesse même. Vient
ensuite le trille durant lequel la basse chante le thème avec grâce et moelleux. Enfin la troisième variation, il la joue avec ardeur, enthousiasme et à
la quinzième page, il y a dans la basse une marche
magnifique d'accords arpégés qu'il joue en les arra-
chant *fieramente* et de toute force, tandis qu'il module
le chant avec énergie et clarté. Ce morceau est d'un
effet magnifique. Tout ce qui suit est également exécuté avec la plus grande vitesse et inspiration. La
quatrième variation est une barcarolle dont la basse
imite les vagues, elle est jouée moelleuse avec des
crêtes ou ondulations légères dont le chant est délicieux. Il y a ensuite un petit morceau à la dix-
neuvième page, sensible, gracieux, où il faut né-
cessairement le toucher de soie et de velours de
Liszt. — Puis les fusées qui ne sont autre chose
que le triolet du thème trois fois répété mais
léger comme une gaze. La fin est un jet de perles ; la vitesse, la netteté, le feu, l'impétueux du
final sont incroyables et quand il arrive au bout
on est essouflé, quoique tout ait paru simple et
facile sous ses doigts. Pour réussir à jouer bien
cette admirable œuvre, il faut avoir exercé ses doigts
pendant longtemps selon la méthode de Liszt, car
sans cela, il serait vain d'y prétendre. Il nous fit en-

tendre encore des choses délicieuses — à savoir
des exercices enfantins de lui, un superbe de Mayer
avec une fin qu'il a ajoutée à l'âge de 15 ans
pour une dame dont il était passionnément amoureux. Cette fin-là et plusieurs études composées
par lui à 13 ans sont étonnantes par le génie créateur qu'elles manifestent. Il fera certainement de
grandes choses, mais il est en proie tantôt au découragement, tantôt à des sentiments qu'il ren-
ferme ; il est dans ce monde comme battu par les
orages, poussé et repoussé par mille et mille pensées qui le ballottent et le travaillent. Il nous
improvisa mais il était timide ; il joua la valse
de Weber et la variation de la manière la plus
ravissante, la commençant très lentement, très languissamment avec une expression simple mais délicieuse, puis il arriva en passant par toutes les
nuances à la passion la plus vive, la plus impétueuse et il finit la valse *allegro*. Dans les passages
qu'il improvise, il y a des détours d'harmonie, des
modulations en mineur jetées au travers des chants
qui font un effet charmant. Ce sont comme des
réflexions ou des pensées mélancoliques au milieu
de choses gaies, c'est le nuage qui passe devant le
soleil et voile pour un instant son éclat ; on ne se
fait aucune idée de l'impression de ces contrastes.

Il joua aussi des mélodies allemandes qui sont
sublimes ; il s'y complaisait et s'imprégnait pour ainsi

dire de leur harmonie; la musique c'est lui — c'est
son âme, belle et pure. En cultivant d'une part
ses doigts, de l'autre ses accords et leur pratique
selon Reicha, Valérie pourrait aller bien loin, car
elle a des idées et de l'âme.

VINGT-DEUXIÈME LEÇON

Leçon admirable ! exquise ! Elle dura 2 heures à peu près. Liszt était aimable, gentil, gracieux. C'est un être charmant, tout pétri d'intelligence, d'esprit et d'originalité. Il montra à ma fille le troisième exercice de Mayer long seulement d'une page, mais un diamant. Liszt se mit au piano pour chercher et fixer l'expression — il s'incendiait en faisant ce travail, la chose la plus curieuse qu'on puisse imaginer. « Ce n'est pas cela, je n'y suis point », répétait-il, comme la Pythie inspirée et quand il avait atteint son idéal, vite il marquait la chose et disait : « voilà qui est bien, c'est bien, je suis content ». Dans la première ligne il veut un laisser-aller, une simplicité parfaite, rien de gêné, de crispé ou de relâché. Dans le milieu de la page la passion s'allume, il y a du mouvement, on presse on accélère, on va par un *crescendo,* de force et de vitesse, sans arrêt et comme soulevé par un transport.

Vient ensuite une reprise fatiguée, molle, délicieuse, suivie d'une expression véhémente ; il doit nous écrire la suite qu'il avait composée à 15 ans, étant amoureux d'une dame à qui il l'a donna. Il fit jouer ensuite l'étude en octaves du Gradus; Valérie après l'avoir énormément étudiée, s'y traîne encore ; il lui répète toujours : « *faites-vous des doigts* ».

Il se mit en courroux contre sa bonne grosse mère qui voulait cuire des pruneaux près de son feu ; le contraste entre ces deux natures est frappant, — à tel point que je crois qu'elle a volé son fils et ne l'a point fait.

MARDI 13 MARS

VINGT-TROISIÈME LEÇON

Hier, leçon délicieuse qui a duré deux heures et demie, Liszt était en tenue de soirée. Il a l'air d'un fuseau quand il est bien habillé. Je l'aime cent fois mieux dans sa grosse redingote grise qui le grossit un peu. Sa physionomie était sombre, mais il était amical pour nous, car il est venu nous chercher dans la chambre où nous attendions et nous a fait entrer dans la sienne où Consule prenait sa leçon (1). Quand elle fut partie, nous échangeâmes quelques phrases, mais il était peu causant, « low spirits » quoique très obligeant pour nous. Il montra à Valérie quelques exercices en batteries du Gradus, en exigeant des doigts ballonnés et parfaitement égaux. Voici une règle qu'il a

(1) Il s'agit d'une élève dont le nom n'est pas indiqué.

donnée : quand dans des batteries suivies les notes à queues forment un chant, on doit les tenir, mais quand elles n'en forment pas un décidé, on les détache, parce qu'elles ont plus de son et de brillant. En général j'aurais bien à faire à me corriger de mon éternel lié, qui est monotone et aplatit le jeu, de même que les doigts trop ronds le ratatinent et l'appauvrissent. La main de Liszt est toujours en mouvement sur le piano, elle ne fait pas de contorsions, mais elle se meut avec grâce et liberté. Dans les exercices du Gradus il redouble habituellement les batteries, les notes, les accords pour les rendre plus difficiles et plus profitables. Il nous répéta hier encore l'urgence de développer ses doigts sans relâche et avant toute chose, par des exercices journaliers sans mélange d'autres études. Il veut que l'on ramène tous les passages possibles à certaines formules fondamentales d'où découlent toutes les combinaisons que l'on rencontre, et une fois que l'on en a la clef, on les exécute non seulement facilement, mais encore on déchiffre tout à vue. — Liszt dit qu'en déchiffrant il regarde les lignes en masse et jamais mesure par mesure ; le fait est qu'il ne se trompe pas d'une seule note, comme j'ai pu en juger par ma propre musique. Il fit jouer ensuite à Valérie son exercice de Mayer et il trouva qu'elle y mettait beaucoup d'âme. Il dit plusieurs fois « bien, très bien, je n'ai rien à dire

là-dessus ». Cependant, dans la première demi-page
il lui indiqua une expression plus simple. C'est là
le difficile, de mettre l'expression à propos et de
savoir être simple, naïf et toujours naturel. Il faut
avoir pour ainsi dire de la vérité, de la sincérité
dans ses sentiments et ne pas vouloir montrer davantage que l'on sent. La musique est le reflet de l'âme,
il faut que cette âme se révèle dans sa pureté, sans
être ternie par de l'exagéré et du faux. Comme
Madame Liszt était absente et qu'il était libre chez
lui, il se mit au piano et nous joua une magnifique sonate de Hummel, originale, pleine de génie
et de nouveauté. L'andante est sensible, gracieux et
il en dit les appoggiatures avec un laisser-aller,
une suavité exquise en touchant délicieusement les
notes diézées ou bémolisées. A la fin il s'anime,
puis il reprend le motif avec son âme tout entière.
Il parle, il ne joue jamais, et comme ses doigts
assouplis dans tous les sens et préparés d'avance à
toutes les combinaisons possibles n'éprouvent jamais
la moindre résistance, il passe à volonté des *piano*
les plus délicats aux *forte* les plus expressifs et
aux vitesses les plus inouïes. Jamais il n'emploie
ces formules d'expression qui appartiennent au genre
classique froid, comme de faire *forte* et *piano* alternativement pour provoquer des applaudissements
d'usage, mais ses nuances sont imprévues et mode-
lées, comme la passion elle-même, pour ainsi dire

sans cérémonie. — Il joua d'une manière sublime le premier morceau de la sonate en l'attaquant avec une fierté, un inattendu admirables. Cette musique serait maussade et de toute obscurité pour quiconque ne la sentirait que faiblement, mais jouée par lui elle devient de toute éloquence, et réellement il fait mal, il oppresse. Ses doigts admirables se prêtent à tout, ils ne sont que des moyens pour lui, mais des moyens immenses, infinis. Le dernier morceau de cette sonate est de toute difficulté, mais ces difficultés qui rendent une musique épineuse, confuse, désagréable quand elles sont péniblement jouées, exécutées par lui deviennent expressives et sublimes.

Il nous fit entendre le magnifique septuor de Hummel qu'il enleva. En outre il exécuta la Danse des fantômes par Hiller; c'est un morceau assez original auquel il prêta son génie en le jouant avec passion et avec une âme délicieuse.

En général il métamorphose tout ce qu'il oue et embellit tout ce qui n'est pas décidément mauvais. C'est le talent le plus accompli, le plus parfait, le plus entier dont je puisse me former l'idée. Doigts admirables, tête organisée et pleine de génie, âme de feu, justesse, vérité, naturel, tout s'y trouve et par dessus tout le reste, de l'esprit, de la bonté et de l'élévation dans l'âme.

SAMEDI 17 MARS

VINGT-QUATRIÈME LEÇON

Hier leçon adorable. Il était gai, aimable, riant,
gracieux, naturel, plein de franchise et d'esprit.
Après avoir causé quelques moments avec lui on
se mit au piano où il développa sa méthode en
parlant beaucoup, ce qui n'était pas du bavardage
mais une suite de précieuses révélations.

Il fit jouer quelques morceaux du Gradus,
entre autres l'exercice des notes répétées sur la
même touche qu'il considère comme essentiel. Il
le joue longtemps chaque jour, pas en entier, mais
en s'arrêtant longuement sur les passages les plus
difficiles et sur les plus mauvais doigts, s'astreignant
toutefois à exercer toujours les cinq doigts de
chaque main.

Il a dans la tête la perfection idéale et veut
l'atteindre ne se contentant point d'un à peu près.

C'est le talent le plus consciencieux dont on puisse avoir l'idée et ses vues hautes et prolongées dans l'art musical lui donnent malgré son admirable jeu une modestie sincère. Il fit faire à Valérie différents exercices de doigts et lui recommanda beaucoup d'étudier sans relâche les nuances. Avec une grande habitude on applique les nuances sans effort — même en lisant la musique à première vue.

« Exercez ainsi :

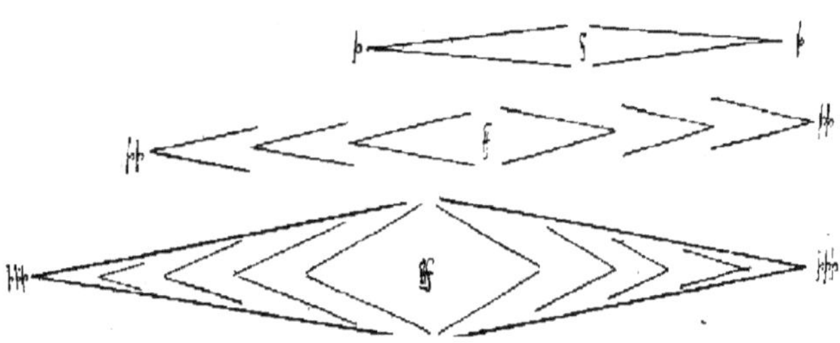

Inventez des nuances et des combinaisons nouvelles si vous le pouvez, de cette manière vous vous trouverez prête à tout événement. Et si vous joignez à tout cela l'habitude d'harmoniser, de travailler les modulations, ou plutôt de varier vos exercices sur toutes les modulations possibles, vous aurez pris l'art par ses premiers principes et vous serez propre à tout. »

Il fit faire à Valérie l'exercice premier sur les notes simples et courantes, c'est-à-dire *ut — ré — mi — fa — sol — fa — mi — ré — ut* en passant

diatoniquement d'une note à l'autre dans l'octave
et cela dans tous les tons. Dans les accords redoublés il est inimaginable par la rapidité avec laquelle
il les fait et par les nuances qu'il leur donne depuis
le *piano* jusqu'au plus grand *forte*. Notez bien qu'il
est aussi scrupuleux pour les nuances de la basse
que pour celles du dessus, afin — dit-il — d'éviter que
la musique soit pauvre, car il la veut riche, variée,
pleine, nuancée et formant un ensemble immense
et plein d'unité comme les œuvres du Créateur. —
Il fait le premier passage des cinq doigts avec un
degré d'égalité, de perlé, de rondeur et de souplesse
inimaginables ; il le regarde comme le point de
départ de tous les passages en notes simples. Il
veut donc qu'on étudie avec grand soin le pouce,
le troisième et le petit doigt qui sont les doigts
fondamentaux, de même que les pivots de la main.
Pendant le passage, les autres doigts ne sont qu'accessoires quoiqu'il faille les appuyer autant que les
autres pour obtenir par là une grande égalité. Il
détache bien les cinq doigts, laissant sortir le son
et ne collant pas les doigts sur le piano, il nuance
les degrés de force et de vitesse et fait cela dans
tous les tons et sur toutes les notes.

Après cela il fit jouer un exercice de Bertini
qui désola la pauvre Valérie, parce qu'après l'avoir
bien étudié elle crut le retrouver au même point
qu'avant, mais elle se trompait grandement. La

déclamation de Liszt est toute une affaire et je
crains bien qu'avant de partir nous ne puissions
pas la concevoir dans son entier, car c'est un système vaste et complet. Ce qui en fait la base prin-
cipale c'est la franchise, la vérité, le naturel parfait.
Toutes les petites affectations musicales, les enlevés,
les plongés, les oppositions clinquantes en sont
bannies sans exception. L'expression de Liszt est
toujours simple parce qu'elle ne lui est jamais
suggérée par le désir de briller ou de captiver les
suffrages aux dépens de son goût et de sa convic-
tion. — Il ne joue pas pour autrui mais pour dire
sa pensée à lui, pour peindre ses sentiments et pour
aller à la rencontre de ceux des autres. C'est un
magnifique improvisateur, un orateur éloquent, un
homme véhément, passionné, mais avant tout c'est
un homme vrai qui se sert de la musique comme
d'un langage énergique et propre à tout et qui
rougirait de s'abaisser à des calembours, à des mau-
vaises plaisanteries et à des mensonges. Je vais
plus loin et je dis que la musique pour lui est l'organe
d'une âme fière, souffrante, véhémente, orgueilleuse
ou plutôt noble et pleine de dignité aussi bien que
de passion, mais l'ensemble de ces traits forme un
caractère primitif, tel qu'on le supposerait sorti des
mains de la nature. Il en résulte une indépendance,
une franchise, une liberté presque sublime — que
lui seul peut exprimer. Son cours de déclamation

musicale pourrait au besoin servir à nettoyer le
cœur et à élever tous les sentiments. — Il exige des
nuances si fines, une telle vérité d'expression que
l'analyse d'un morceau avec lui est un travail immense de patience ; il n'est presque jamais content
et vous fait recommencer dix fois le même fragment
jusqu'à ce que l'on s'approche de sa pensée. Au
reste — lui aussi ne se contente pas facilement et
souvent il se lève du piano comme désespéré de
ce qu'il ne peut point rendre son idéal de perfection.

Cette leçon d'hier où l'on causa encore plus
qu'on ne joua fut riche en idées nouvelles et je saisis
mieux que jamais sa doctrine musicale. Pendant que
nous étions là, il reçut une lettre avec cette adresse-ci :
A mon enfant chéri l'incomparable Liszt. Cette
missive était d'une dame russe qui l'avait probablement apprécié à sa valeur. Moi aussi, je lui
rends justice et je reconnais qu'indépendamment de
son talent, c'est un jeune homme des plus hautes
facultés, d'infiniment d'esprit, d'un caractère noble,
pur et profond, et de l'âme la plus sincère, la plus
franche, la plus aimante et la plus grande que j'aie
jamais rencontré.

MARDI 20 MARS

VINGT-CINQUIÈME LEÇON

Aujourd'hui il nous a gardées une bonne heure
et demie. Il a beaucoup raisonné son art et on
apprend beaucoup avec lui en causant. Il avait été
ravi de l'ouverture de Coriolan de Beethoven qu'on
avait jouée dimanche au Conservatoire et qu'il regarde comme une des œuvres les plus grandes, les
plus complètes, les plus admirables qui soient sorties
du cerveau gigantesque de Beethoven. Il nous a
joué quelques lambeaux de cette ouverture d'une
manière saisissante; le début exprime l'horreur, la
haine, l'indignation; c'est un accord brusque, quelque
chose de heurté, suivi d'une sorte de désespoir, de
démence musicale. Puis c'est une phrase de chant
angélique qui semble tomber du ciel. Liszt la joue
admirablement avec un toucher fluide, où l'on ne
sent pas les doigts, ni les ongles, ni l'instrument. Il

a fait commencer à Valérie un « Rondeau passionné»
de Czerny. Le morceau est délicieux ; il dit pourtant
qu'il lui allait mieux autrefois qu'aujourd'hui, quoiqu'il le joue comme un ange. « Soyez naïve, soyez
simple», répétait-il à Valérie, «rien qui soit joué —
rien qui sente l'apprêt, point d'affectation, détendez
vos notes, ne crispez rien. — N'exprimez pas trop,
soyez vague...» Il s'est mis au piano et a cherché
à dégager l'esprit de cette œuvre. La musique est
pour lui la langue du cœur, celle des passions qu'il
étudie, qu'il raisonne et qu'il exprime. Il disait à
Valérie: «vous voyez bien que pour exprimer tout
ce qu'on sent, il faut n'être entravé par rien, il faut
avoir les doigts tellement développés, si souples
avec une telle échelle de nuances toutes prêtes
dans les doigts, que le cœur puisse s'émouvoir et
cheminer sans que les doigts soient jamais un obstacle. » Et il se plaignait de ses doigts prétendant
qu'ils le gênaient encore et cependant il en fait à
la lettre ce qu'il veut. Il fait étudier et étudie lui-
même la basse et le dessus séparément cherchant
à les nuancer tous deux, les soignant également.
«La musique doit être variée» dit-il, «et les mêmes
nuances, expressions, modifications ne doivent pas
se répéter ; les phrases musicales sont soumises
aux mêmes règles que les phrases dans un discours;
on défend de répéter les mêmes mots, il ne faut
pas que la même tournure d'expression reparaisse,

cela fatigue.» Il disait cela à propos d'un mordant deux ou trois fois répété qu'il exécutait différemment, tantôt vite, tantôt fort lentement. En général j'ai été frappée aujourd'hui de son style qui est de toute simplicité, de toute pureté, et de toute beauté.

Il a été parfaitement aimable pour nous, il a pleuré quand il nous a vues vêtues de noir; cette triste couleur lui a rappelé je crois son père, il avait besoin de partager notre chagrin, il était encore plus doux, plus amical qu'à l'ordinaire. Il s'est montré content de Valérie, il l'a encouragée et il nous a dit qu'il viendrait nous voir une fois cette semaine et deux ou trois fois le soir la semaine prochaine.

Il a encore recommandé les exercices constants de doigts et de nuances.

VENDREDI 23 MARS

VINGT - SIXIÈME LEÇON

Nous arrivâmes chez Liszt à deux heures et nous
attendîmes quelques minutes. Je crois qu'il faisait
sa toilette car nous le trouvâmes plus élégamment
vêtu que de coutume. Il y avait dans son air une
nuance de légère fatuité, voilée par un fond de bonté, un peu de bonne amitié pour nous et beaucoup
de politesse. Il était pâle et paraissait accablé, blasé ;
mais ses yeux était aussi lumineux qu'à l'ordinaire
et ce fut avec un véritable plaisir, peut-être même
un secret triomphe que peu à peu sans se presser
il défila son petit chapelet et nous fit l'histoire de
ses succès et de ses plaisirs mondains depuis la
dernière leçon. Il avait entendu la meilleure musique
de tout Paris, il avait dîné avec des littérateurs, il
avait passé des nuits au bal, suivi avec intérêt une
jeune femme mariée depuis peu avec un homme âgé

et brillante de beauté et d'éclat ; ses beaux yeux napolitains l'avaient fasciné, de minuit à 3 heures il les avait contemplés. Il avait revu une certaine demoiselle de Barré avec laquelle il avait fait il y a un an le voyage de Savoie, on disait même à cette époque qu'il en était follement amoureux ; l'autre jour il fit pour elle de la musique pendant trois heures et demie. Il mettait de la coquetterie à nous raconter tout cela, et lentement, posément, sans s'agiter, sans se presser ; sa mère entra et rompit l'entretien. Il fit mettre Valérie au piano et lui fit faire quelques exercices ; des trilles sur la même note ; il les faisait en même temps qu'elle et ses doigts sonnaient comme des cloches. Ce sont des fuseaux agiles, les ressorts d'une boîte à musique, enfin quelque chose de fluide, de volatil, qui tombe sans effort, avec un abandon, une désinvolture inimaginable. Quand Liszt déclame une phrase simple dans le rondeau de Czerny, par exemple, il le fait avec une douceur, une tendresse, un naturel, un charme inconcevables, il ne se presse point, il semble rêver sur certaines notes et s'y arrêter pour les faire pleurer et soupirer ; ses doigts n'ont ni position, ni forme. Ils se ploient mous et souples dans tous les sens, ils traînent d'une touche à l'autre, sont étendus, couchés. Après avoir fait jouer plusieurs fois à Valérie les trois premières pages, il a analysé avec elle la fin du rondeau sauf les deux dernières pages.

Il cherchait les expressions en les chantant comme un fou, pour les noter ensuite.

Sa manière est de tout marquer sur la musique et comme d'avance ses doigts sont pliés à toutes les nuances possibles, il n'a plus qu'à les appliquer sans étude. Il est évident qu'il prend dans la musique tout par le principe ; *soit l'exécution* en domptant par avance tous les enchaînements de notes imaginables, *soit l'expression* en se façonnant à toutes les nuances, *soit le déchiffrement* en s'accoutumant à tous les passages fondamentaux et à toutes les modulations. Cette habitude de creuser ses impressions, celles des autres, de fixer sur le clavier, comme on le fait sur la toile et dans le discours, toutes les passions, leur jeu, leur développement, leurs contrastes constituent une étude presque psychologique qui achève le talent. — Il va dans le monde, il y fait ses observations et ses études comme jadis M. Toepffer les faisait dans les foules et prenait la nature vivante sur le fait ; Liszt va la surprendre dans les salons.

MARDI 27 MARS

VINGT - SEPTIÈME LEÇON

Valérie s'était énormément exercée tous ces jours
et nous sommes arrivées à 2 heures 20 minutes,
heureusement Liszt ne nous avait pas attendues.
Consule y était encore. Il lui faisait vigoureusement
exercer les cinq notes des cinq doigts — *ut* — *ré*
— *mi* — *fa* — *sol* — *fa* — *mi* — *ré* — *ut,* en passant
par demi-tons dans toutes les tonalités ; cet exercice
égalise et développe singulièrement les doigts ; quand
la leçon a été achevée nous sommes entrées, Liszt
était de toute politesse plutôt que de toute amitié.
C'est un homme entraîné par le monde qui se plaît
aux éloges et que l'on encense. Sa leçon a été fort
bonne. Il nous a joué un magnifique exercice de
Czerny en trilles. Grand exercice, fort long et
difficile. Ses trilles sont comme des perles fines, il les
enlève comme de petits coups de fouet, les tierces

et les sixtes comprises dans l'exercice sont d'une égalité parfaite. Jamais une note n'est moins forte que l'autre, les deux doigts frappent également et bien ensemble, en sorte que le son est *un* et que les tierces faites avec rapidité ont cependant un son fort brillant, large et pur. — La peine et le travail ne se sentent nulle part. Il nous joua encore un autre exercice de Czerny où il y avait des octaves qu'il fait avec une admirable aisance. Rien ne l'arrête, il sait d'avance tout ce qu'il peut rencontrer dans la musique; c'est ce qui explique l'incroyable facilité avec laquelle il déchiffre ou plutôt exécute en perfection toute musique à livre ouvert, comme il nous le fit encore hier pour des exercices de Zimmermann qu'on lui avait apportés la veille et qu'il nous joua d'une manière délicieuse. Il y en avait un en accords frappés sur la même note. Il nous dit que l'auteur l'appelait «à la Liszt» et qu'il exécuta avec une vitesse inconcevable. — Ces accords, joués uniquement du poignet — ont un tremblé, un palpité et un charme tout particulier. Dans l'exercice se trouvent des marches d'harmonie, douces, tendres, qu'il fait bien ressortir, toujours avec laisser-aller et désinvolture, agrémentées de légers sautés, qui donnent du piquant au verbe.

Il nous montra un autre exercice où la main gauche croise et fait l'accompagnement tantôt en bas, tantôt en haut, tandis que la main droite

chante. Ensuite il fit mettre Valérie au piano et
pour l'introduire tout à fait dans les notes simples
il lui dit d'étudier un exercice de Czerny qui parcourt en accords les vingt-quatre tons. — Il veut
qu'on étudie les deux mains séparément et qu'on
enfle en montant chaque trait, ayant des doigts bien
égaux, libres et connexes. Pour l'étude journalière,
voici ce qu'il recommande :

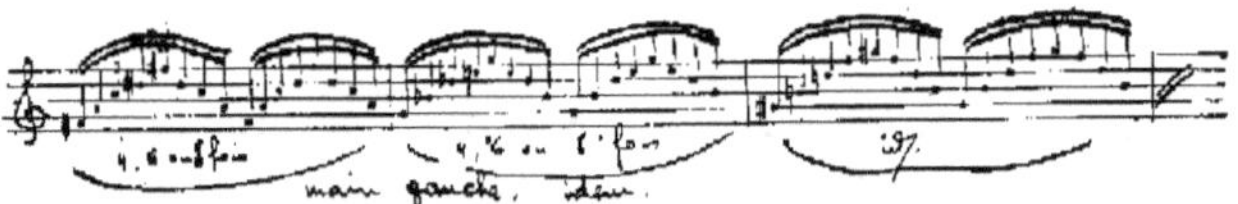

en commençant lentement pour bien égaliser les
doigts et en faisant plus vite à mesure qu'on devient
plus habile.

On peut aussi y joindre ceci :

des deux mains à la fois en parcourant l'échelle
chromatique.

Puis encore :

toujours des deux mains par l'échelle chromatique.
Ensuite ceci :

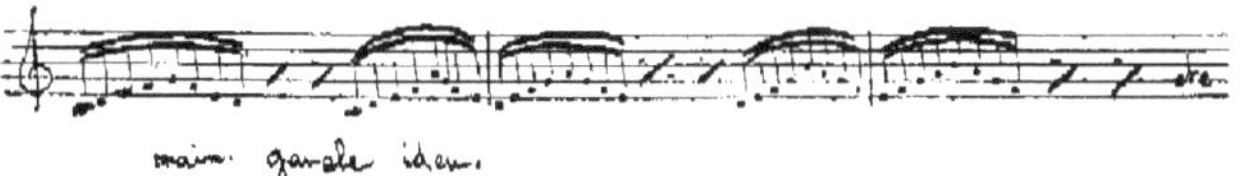

en parcourant ainsi tous les tons et toutes les
gammes. — Puis en sens inverse, des deux mains,
puis à la tierce.

Ensuite une succession de septième du haut en
bas du clavier des deux mains à la fois en tierces
comme il avait commencé à l'écrire. — Puis des
trilles de tous les doigts en tenant les autres sur les
touches ; enfin des notes frappées sur la même note
« ad æternum ».

Après ces indications il fit jouer le « rondeau
passionné », trouvant qu'il ne fallait pas le commencer si fort et répétant à peu près les mêmes choses
sur l'expression. Il fut très content mais il fit dé-
tailler avec moins d'attention qu'à l'ordinaire parce
qu'il était pressé d'aller dîner près de l'Odéon.

VENDREDI 3o MARS

VINGT-HUITIÈME LEÇON

Liszt a été délicieux, il a donné deux heures ici et nous a promis avec toute amitié qu'il viendrait au Rivage passer deux ou trois mois. Il a donné d'admirables indications pour le jeu des notes simples, les gammes de Zimmermann. Il faut les étudier les mains séparément, lentement, trois ou quatre par jour, une heure chaque jour. Les passages des cinq doigts dans tous les tons en gammes de haut en bas par mouvement contraire, les accords arpégés de haut en bas, l'accord parfait *ut-mi-sol-ut* et les renversements; puis l'accord parfait mineur, *id.;* puis les accords de septième, *id.* et ensuite dans tous les tons et sur tous les degrés et cela « ad æternum » — et encore des septièmes diminuées. Quand on trouve quelque chose de difficile dans un passage on l'analyse et on l'exerce dans tous les tons. Pour

les tierces, il faut qu'on fasse les gammes de Zimmermann. L'égalité des doigts s'acquiert en frappant
chaque note bien longtemps en tierce du haut en
bas de la gamme et avec les cinq doigts successifs,
cela également pour les sixtes. Enfin les gammes de
tierces et sixtes courant du haut en bas dans tous
les tons. Moyennant cela on arrive à tout. Il a joué
admirablement cinq ou six morceaux de Hertz dont
il riait, tant ils lui paraissaient faciles. Il les ana-
lysait et déclarait qu'avec les exercices il n'y avait pas
besoin d'étude.

CE LIVRE

A ÉTÉ IMPRIMÉ

PAR

MAURICE DARANTIERE

A DIJON

A CINQ CENTS EXEMPLAIRES

SUR VÉLIN ALFA BLANC

EN DÉCEMBRE

M. CM. XXVII

EXEMPLAIRE NUMÉRO

377

www.ingramcontent.com/pod-product-compliance
Lightning Source LLC
LaVergne TN
LVHW012209170726
843503LV00005B/1960